J'am Calm
N° 2

CARNET COLORIAGE & MANDALAS
POUR LES ENFANTS ET ADULTES

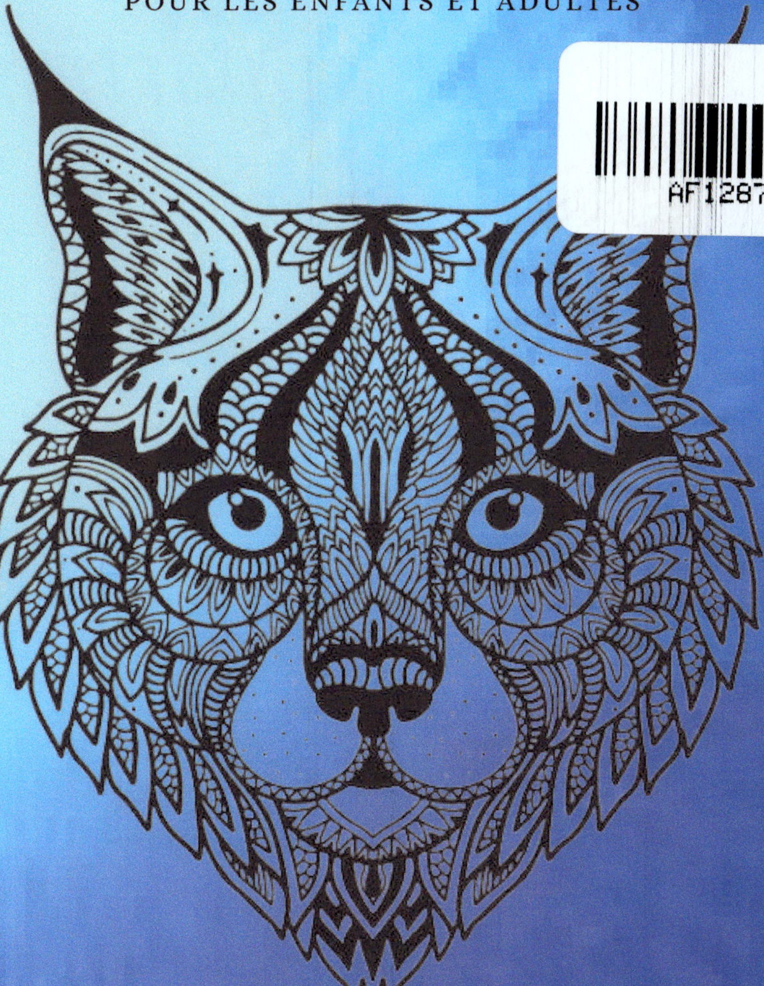

YAEL MIMOUNI

Ce carnet appartient

à

Découvrez le pouvoir de la pensée Positive !
Grâce à la loi d'attraction .
Ce carnet est un outil de méditation alternatif pour vous aider au quotidien à vous détendre et vous décharger des tensions. Exercez vous tout en douceur au lâchez prise et à libérations émotionnels en pratiquant le coloriage intuitif. Les mandalas, sont pensés pour un temps de détente, de relaxations aprés les devoirs par exemple. Toute les affirmations positive sont crée sous forme de mantra à répéter 3 fois.
Prenez soin de vous !
Yael

Je suis Fort

Je suis Rusé

Je suis Audacieux

Je suis Pacifique

Je suis Futé

JE SUIS ÉMERVEILLEUX

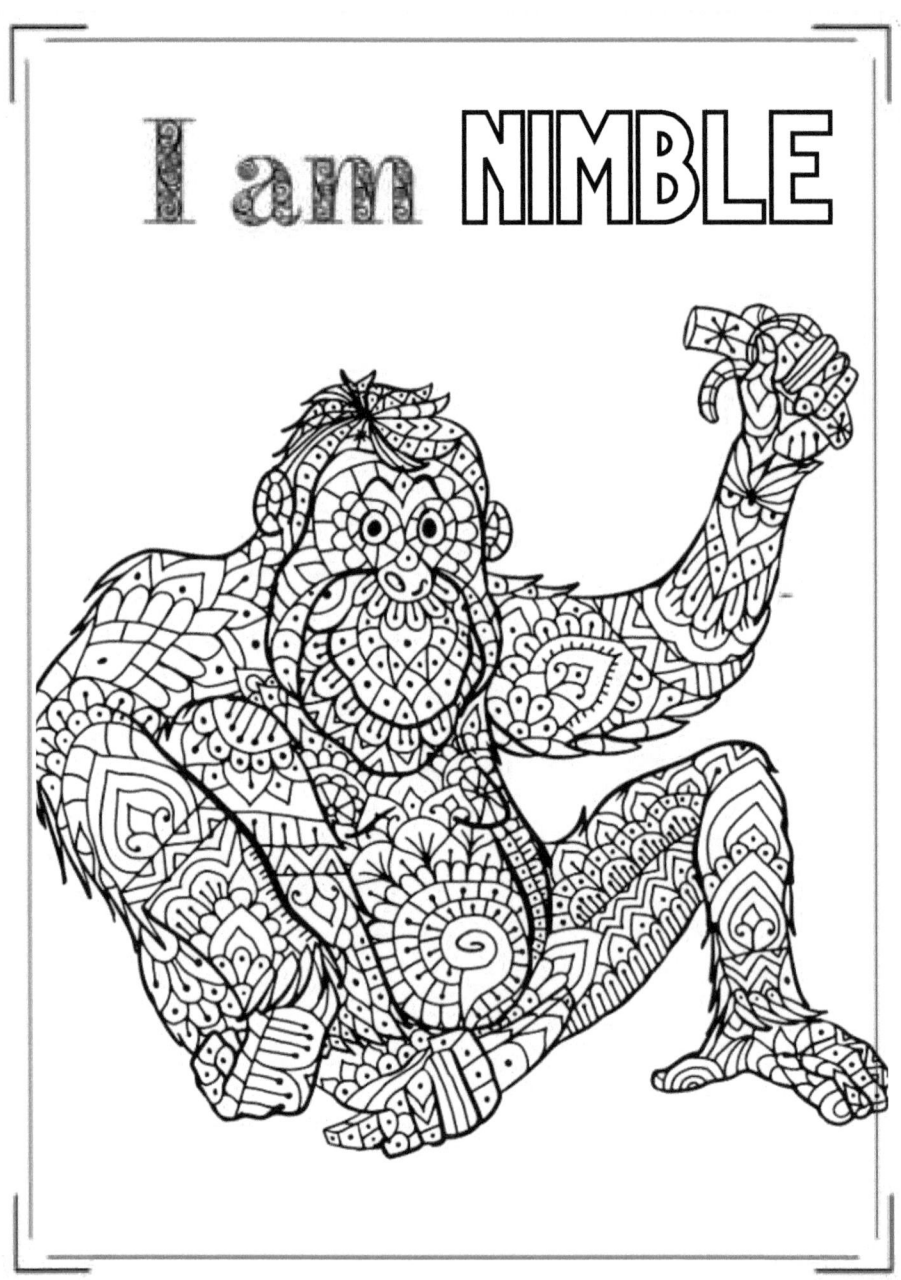

Je suis Agile

Je suis Curieux

Je suis Aventurier

Je suis libre

Je suis Sauvage

Je suis Amical

Je suis Rigolo

Je suis Rapide

Je suis Sociable

I am BEAUTIFUL

Je suis Magnifique

Je suis Fonceur

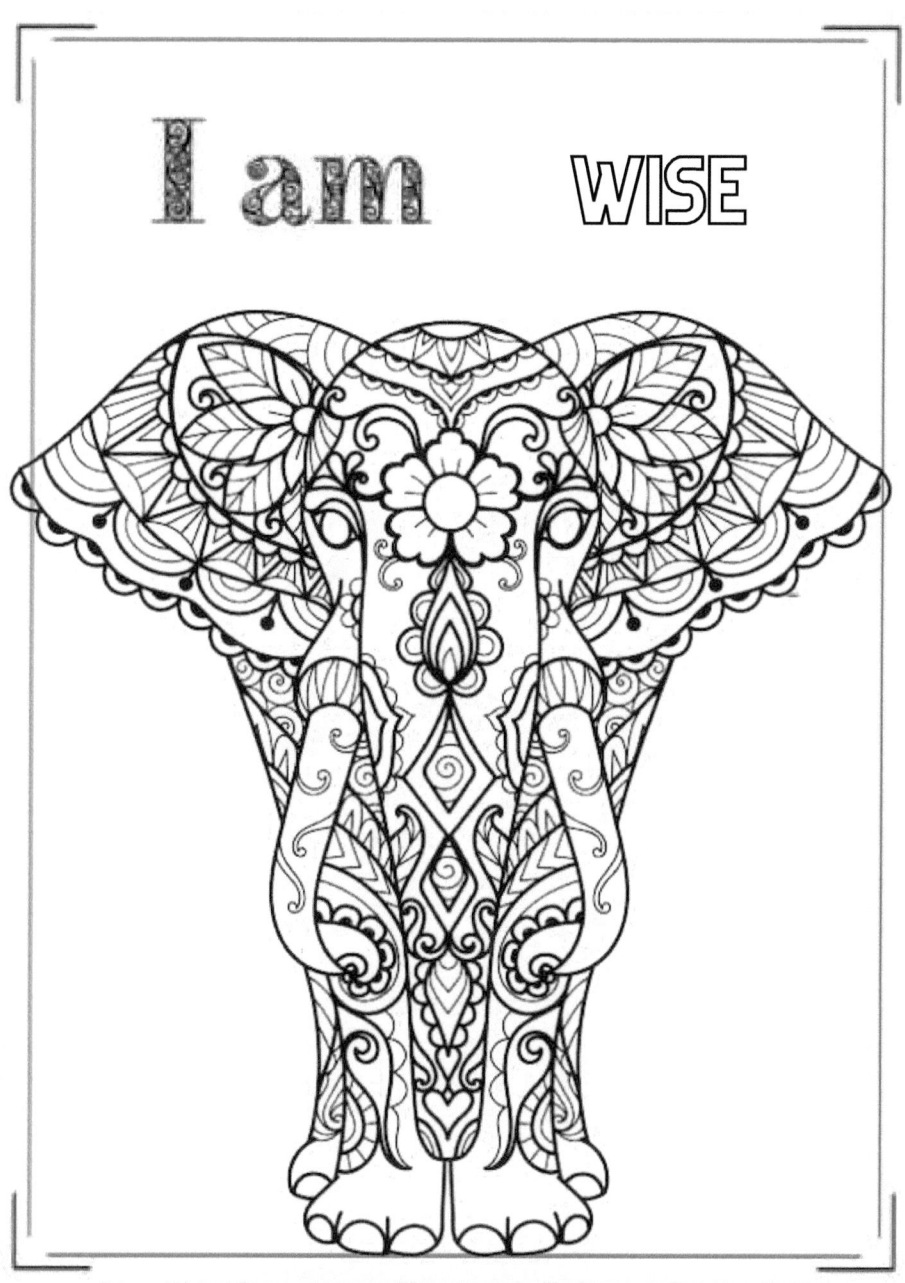

Je suis Sage

De la même auteur :
- Paru aux Editions le Lys Bleu L'Anthentique (2021)
- Les aventures de Youki et Lassy
- Mélodie voyage vers la terre tome 1
- Mélodie est arrivée sur terre tome 2
- Le combat de la Lune
- I'm Calm Collection 1.2.3.4

©2023, Couverture et illustrations de Yaël Mimouni
Tous les droits de reproduction, d'adaptions et de traduction, intégrale ou partielle réservés pour tous pays seront réservés à l'auteur.

L'auteur est seul propriétaire des droits et responsable du contenu de ce livre.

 Édition : BoD – Books on Demand, info@bod.fr.
Impression : BoD – Books on Demand, In de Tarpen 42, Norderstedt (Allemagne)

ISBN : 978-2-3220-7691-8
Impression à la demande
Dépôt légal : Mars 2023

Découvrez le pouvoir de la pensée Positive !
Grâce à la loi d'attraction.
Ce carnet est un outil de méditation alternatif pour vous aider au quotidien à vous détendre et vous décharger des tensions. Exercez vous tout en douceur au lâchez prise et à libérations émotionnels en pratiquant le coloriage intuitif. Les mandalas, sont pensés pour un temps de détente, de relaxations aprés les devoirs par exemple. Toute les affirmations positive sont crée sous forme de mantra à répéter 3 fois.
Prenez soin de vous !
Yael

Yael Mimouni est l'auteure de romans de développement personnel et livres jeunesses illustrée. L'auteure est énergéticienne médium.